CCTV 100集大型动画电视连续剧精品书系

第1—10集

中央电视台央视动画有限公司 出品
安韶 编

时代出版传媒股份有限公司
安徽少年儿童出版社

图书在版编目（CIP）数据

新大头儿子和小头爸爸·1/中央电视台央视动画有限公司出品；安韶编. — 合肥：安徽少年儿童出版社，2014.6（2016.1重印）
ISBN 978-7-5397-7293-6

Ⅰ.①新… Ⅱ.①中…②安… Ⅲ.①动画 - 连环画 - 中国 - 现代 Ⅳ.①J228.7

中国版本图书馆 CIP 数据核字（2014）第 090019 号

《新大头儿子和小头爸爸》动画片

总策划/梁晓涛　**出品人**/庄殿君　**总监制**/蔡志军
制片人/曹　梁　**总导演**/魏　星　邵建明

XIN DATOU ERZI HE XIAOTOU BABA
新大头儿子和小头爸爸·1

中央电视台央视动画有限公司　出品
安韶　编

出 版 人：张克文	责任编辑：仲朝锋　张万晖
责任校对：邬晓燕	责任印制：田　航

出版发行：时代出版传媒股份有限公司　　http://www.press-mart.com
　　　　　安徽少年儿童出版社　　E-mail：ahse@yahoo.cn
　　　　　新浪官方微博：http://weibo.com/ahsecbs
　　　　　腾讯官方微博：http://t.qq.com/anhuishaonianer（QQ：2202426653）
（安徽省合肥市翡翠路 1118 号出版传媒广场　　邮政编码：230071）
市场营销部电话：(0551)63533532（办公室）　63533524（传真）
（如发现印装质量问题，影响阅读，请与本社市场营销部联系调换）

制　作：昆山玉骐麟文化传媒有限公司	
印　制：合肥锦华印务有限公司	
开　本：889mm×1194mm　1/32	印张：4
版　次：2014 年 6 月第 1 版	2016 年 1 月第 15 次印刷

ISBN 978-7-5397-7293-6　　　　　　　　　　　　　　定价：12.80 元

版权所有，侵权必究

角色介绍

第 1 集　狗熊奇遇记 ……………… 1
　　　　　爸爸妈妈变小了 …………… 8

第 2 集　谁怕打针 ………………… 13
　　　　　防火大演习 ………………… 19

第 3 集　半夜呼噜声 ……………… 25
　　　　　喷嚏力量大 ………………… 31

第 4 集　坏习惯 …………………… 37
　　　　　彩色的摇椅 ………………… 43

第 5 集　宠物乐园 ………………… 49
　　　　　玩具总动员 ………………… 55

第 6 集　雷霆出击 ………………… 61
　　　　　抓住福神 …………………… 67

第 7 集　邻居家的游泳池 ………… 73
　　　　　电子产品 …………………… 79

第 8 集　对付打嗝 ………………… 85
　　　　　结婚纪念日 ………………… 91

第 9 集　长假旅行 ………………… 97
　　　　　松鼠出没 …………………… 103

第 10 集　家庭交响曲 ……………… 109
　　　　　 冰球大作战 ………………… 115

大头儿子

头大身子小,跟小头爸爸是一对父子兼好朋友。正在上幼儿园,聪明伶俐,有时会调皮捣蛋,但心地善良,喜欢小动物。

围裙妈妈

任劳任怨的家庭主妇,常常穿着围裙,擅长烹饪,喜欢唠叨。对孩子的教育讲究方法,但有时过于严厉,会发脾气。

地瓜

大头儿子的邻居兼玩伴,比大头儿子年纪稍小,戴着一副大眼镜,看起来愣头愣脑的,喜欢飞机模型。

小头爸爸

头小身子大,跟大头儿子是一对父子兼好朋友。上班族,热爱家庭,幽默风趣,对孩子的教育有耐心,以身试教,也因此吃了许多苦头。

第1集 狗熊奇遇记

动物园的卡车高速前进。

装着一只大狗熊的笼子从卡车上掉了下来。

卡车开走了。

大狗熊从笼子里走出来。

大狗熊来到大头儿子家。

大狗熊想偷吃桌上的食物。

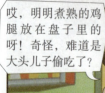

第1集 狗熊奇遇记

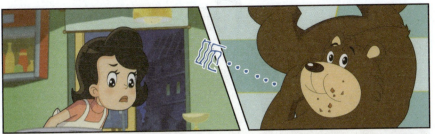

围裙妈妈看见大狗熊被吓晕了。

小头爸爸正在看电视。

哈哈,这狗熊真有意思!

大狗熊悄悄来到小头爸爸的身边。

什么声音?

小头爸爸换频道。

大狗熊不满意,想换回频道。

大狗熊回头。

大头儿子发烧了,躺在床上。

围裙妈妈要去出差。

记住,过会儿要是大头儿子烧还不退,一定要去医院打针!

没问题,你安心地去忙吧。

知道了!
我明天就回来了。

哦?
大头儿子很害怕。

小头爸爸来到大头儿子的房间。

哦?大头儿子不发烧了?
嘿嘿!

一家人围坐在客厅里。

你们看，报纸上说有一户人家发生电线短路导致火灾，因为不懂逃生知识，结果三口人都没能逃脱。唉……

围裙妈妈，怎么啦？一惊一乍的？

的确很可怜呀！

所以为了防患于未然，我看有必要在咱们家举行一次家庭防火大演习！

不用了吧，咱家不是安了烟雾报警器了吗？!

报警器只管报警，又不能灭火。

现在，我来宣布演习规则：一共三轮，每轮每人扮演一次"火"。

然后在火灾到来的时候去追另外两个人。

万一火势很大，你知道怎么逃生吗？

哇！太棒了，我要玩！

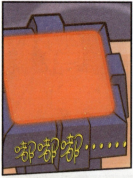
嘟嘟嘟……

小头爸爸又被吵醒。

唉……我受不了啦！

第二天早上。
哇，妈妈，今天你没有黑眼圈啦！

哈哈，妈妈昨天晚上睡得可香啦！多亏了你的止鼾器，谢谢你，大头儿子！

咦，你的眼睛怎么啦？

啊？爸爸，你怎么也成了熊猫眼啦？

这都是你那个什么止鼾器闹的！

难怪昨晚没听到你的呼噜声。不过没关系，我一定会治好你的打呼噜，包在我身上！

呼呼呼……

呼呼呼……

围裙妈妈也会打呼噜了。

围裙妈妈和大头儿子在家。

突然一只盒子掉下来。

口琴?哪儿来的?

围裙妈妈,这是什么?

这是一只小口琴。

这只口琴呀,还是你小头爸爸送给我的呢!

围裙妈妈开始回忆。

哎呀!这东西没什么用,还是收起来吧。

围裙妈妈,别收起来呀,给我玩玩!

哎!你这孩子!

好妈妈,我保证一定不会弄丢的,会好好地拿回来还给你的!

小狗跳了下来。

原来是围裙妈妈来了。

这都是我的玩具,我卖玩具你管不着!

这都是我和小头爸爸给你买来的玩具,你怎么能……

给我了就是我的!再说,我也是用劳动换钱!

那好吧!不过,这院子是我的,你要在这儿摆摊得交场地费!

什么?这也是我的家!

现在我们是生意的关系,不交就不准在这儿摆摊。

可我一个玩具都没卖掉呢!

那这样吧,卖掉一个玩具咱们对半分,就算是场地费了。

围裙妈妈是强盗!

吃不穷,花不穷,算计不到就受穷。我这是在教你该怎么赚钱、怎么花钱!玩具摆整齐了才会有人买,笨儿子!

围裙妈妈,福字贴倒啦!

傻儿子,这福字就是要倒着贴,意思是"福到"。

"福到了"是什么意思?

福到就是福神到,福神就是带来幸福的神仙!

哦,就跟外国的圣诞老人一样吗?

对!

那……福神长什么样子?

围裙妈妈幻想着。

呃……就是长着长胡子,戴着方帽子,手里拿着如意和字幅,脑袋上还有一只象征幸福的大蝙蝠!

长胡子、方帽子、拿着如意……带来幸福的神仙……

福神到咱家啦!

啊?

小头爸爸正在打扫卫生。

小头爸爸捡到一个滑板。

小头爸爸追上一辆小车。

嘿嘿……

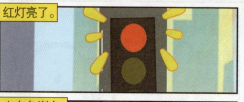

红灯亮了。

小头爸爸一头掉入装着石灰的车里。

小车急刹车。

啊!

小头爸爸向旁边跑去。

一阵风吹过。

呼啦……

福神怎么不见了?

咦?

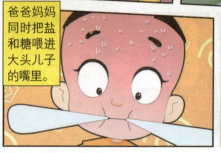

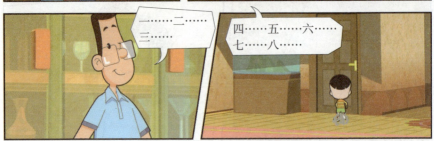

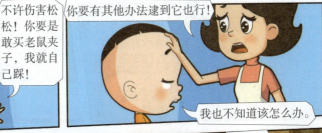

松鼠跳过一个窟窿。

大头儿子被冻住。

小头爸爸围着树干追。

老爸,你太帅了!

松鼠围着树干逃。

第10集 冰球大作战

松鼠向上爬去。

松鼠转晕了,从树上掉了下来。
啊……它没事儿吧?

松果掉了下来。

松鼠渐渐清醒。

松鼠看到大头儿子手上的松果。

松果掉了出去。

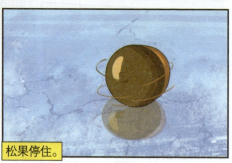

松果停住。

松鼠向松果奔去。

哈哈，这下你跑不了了！

小头爸爸和大头儿子扑上去。

松鼠掉入水里。

松果掉到大头儿子手上。

精彩故事请看下集……